Hallo!

In der Geschichte findest du an einigen Stellen Profifragen zum Text.

Deine Antworten kannst du mit einem Lesezeichen überprüfen. Das kannst du hinten aus dem Buch herausnehmen.

Es ist dein Lösungsschlüssel!

Aus Verantwortung für die Umwelt hat sich der Fischer Kinder- und Jugendbuch Verlag zu einer nachhaltigen Buchproduktion verpflichtet. Der bewusste Umgang mit unseren Ressourcen, der Schutz unseres Klimas und der Natur gehören zu unseren obersten Unternehmenszielen.

Gemeinsam mit unseren Partnern und Lieferanten setzen wir uns für eine klimaneutrale Buchproduktion ein, die den Erwerb von Klimazertifikaten zur Kompensation des CO_2-Ausstoßes einschließt.

Weitere Informationen finden Sie unter: www.klimaneutralerverlag.de

Weitere Informationen zum Kinder- und Jugendbuchprogramm der S. Fischer Verlage finden Sie unter: www.fischerverlage.de

FSC
www.fsc.org
MIX
Papier aus verantwortungsvollen Quellen
FSC® C043106

Erschienen bei FISCHER Duden Kinderbuch

Fachberatung: Ulrike Holzwarth-Raether
Gestaltungskonzept: Farnschläder & Mahlstedt, Hamburg
Layout: Michelle Vollmer, Mainz
Umschlagkonzept: Frauke Schneider, Wittighausen
Umschlaglayout: Mischa Acker, Brühl

Druck und Bindung:
Grafisches Centrum Cuno GmbH & Co. KG, Calbe
Printed in Germany
ISBN 978-3-7373-3495-2

Leseprofi

Das fantastische Geburtstagsauto

Susanne Rauchhaus

mit Bildern von Reto Klindt

FISCHER Duden Kinderbuch

Inhalt

1. Doppelgeburtstag!

Nola und Tim sind aufgeregt.
Es ist noch ganz früh am Sonntag.
Trotzdem sind die beiden schon wach.
Viel zu früh!
Heute haben sie nämlich Geburtstag.
Beide am gleichen Tag,
denn sie sind Zwillinge.
Die Wohnung ist absolut still.
Bestimmt schläft Mama noch.

Nola und Tim bauen sich aus Kissen
eine Kuschelburg im Bett.
Dabei reden sie über ihren Ausflug.
Auf den freuen sie sich schon riesig!
An jedem Geburtstag
dürfen sie sich wünschen,
wohin sie mit Mama gehen.
Diesmal wollen sie in den Zoo.
Sie lieben Tiere!
Und es soll im Zoo gerade
ganz viele Tierbabys geben.

Es ist immer noch still in der Wohnung.
An Geburtstagen macht Mama
doch immer etwas Besonderes
zum Frühstück.
Seltsam!
Die Zwillinge halten es nicht mehr aus.
Sie laufen zu Mamas Zimmer
und reißen die Tür auf.

„Guten Morgen!“, ruft Tim.
Und Nola fragt:
„Hast du unseren Geburtstag vergessen?“
„Guten Morgen, meine Spätze!“,
sagt Mama und setzt sich langsam auf.
„Herzlichen Glückwunsch, ihr beiden!“
Ihre Stimme klingt leiser als sonst.
„Kommt mir lieber nicht zu nahe,
ich habe mich erkältet“,
sagt Mama und hustet.

Die Zwillinge sehen sie erschrocken an.
„Bist du schlimm krank?“, fragt Tim.
Mama schüttelt den Kopf.
„Nein, ich brauche nur Tee und Schlaf.
Dann bin ich bald wieder fit.“
„Aber den Ausflug
machen wir doch trotzdem,
oder?“, fragt Nola.
Sie ist den Tränen nahe.
Was wird denn das für ein Geburtstag,
wenn sie nur zu Hause herumsitzen?

Mama überlegt und geht zum Telefon.
Zuerst ruft sie Papa an.
Er kann heute leider nicht,
weil er auf einer Geschäftsreise ist.
„Aber nächste Woche feiern wir
euren Kindergeburtstag“, verspricht er.
Als Nächstes ruft Mama Opa an.
„Na klar! Gerne!“, ruft er begeistert.
Die Kinder hören ihn durchs Telefon.

Nola und Tim sind froh.
Der Ausflug ist gerettet.
Und sie freuen sich auf Opa.
Aber ein bisschen traurig sind sie auch:
Ihr erster Geburtstag ohne Mama.
Es dauert fast zwei Stunden,
bis Opa an der Tür klingelt.
„Herzlichen Glückwunsch,
ihr Geburtstagsmäuse!“, sagt er.
„Tut mir leid, dass ich so spät bin.
Ich musste mir noch etwas leihen.“
Er zwinkert ihnen zu
und zeigt auf ein sehr altes Auto.

Profifrage 1

Wie lange dauert es, bis Opa endlich kommt?

- weniger als zwei Stunden
- mehr als zwei Stunden
- genau zwei Stunden

Mama steht im Bademantel
an der Tür und winkt zum Abschied.
Opa startet den Wagen.
Der macht seltsame Geräusche.
Er rasselt, rattert und röhrt.
Mama runzelt die Stirn und
die Nachbarn gucken
aus den Fenstern.
Tim und Nola kichern.
Das kann ja lustig werden!

2. Flug ins Abenteuer

Opa fährt aus der Stadt hinaus.
Dann biegt er in einen Feldweg ein.
Mitten auf einer Wiese hält er an.
Die Zwillinge wundern sich.
„Fahren wir nicht in den Zoo?“,
fragt Nola.
Opa schüttelt den Kopf und schmunzelt.
„Das wäre Belinda viel zu langweilig.“

Nola und Tim wundern sich immer mehr.
„Wer ist denn Belinda?“, fragen sie.
Opa lacht: „Das tollste Auto der Welt!
Wir sitzen gerade darin.“
Da zieht er an einem gelben Hebel
und plötzlich wackelt alles.
Die Sitze werden ganz kuschelig
und draußen passiert auch etwas.
Tim sieht aus dem Fenster.
„Das glaubt ihr nicht!“, ruft er aus.
„Wir haben jetzt Tragflächen!
Wie ein Flugzeug!“

Opa dreht
am Radio herum.
Da meldet sich
eine sanfte Stimme:
„Herzlichen Glückwunsch, Nola und Tim!
Ich bin heute euer Geburtstagsauto.
Habt ihr Lust auf ein Abenteuer?
Wollt ihr mit mir fliegen?“
Nola und Tim staunen.
Ein sprechendes, fliegendes Auto?
„Äh, ja! Das wäre super!“, rufen beide.
„Aber gern!“, sagt Belinda.
Da rast das Auto los, immer schneller!
Dann hebt der Wagen ab,
hoch in die Luft.

Die Zwillinge klammern sich
an den Griffen fest.
„K-k-kann das Auto wirklich fl-fliegen?“,
stottert Nola.
Opa lächelt und sagt:
„Ja, es ist ein magisches Auto!
Es gehört meiner Nachbarin.
Sie ist eine verrückte Erfinderin.“
„Und du kannst es fliegen?“, fragt Tim.
Opa schüttelt den Kopf:
„Belinda fliegt von ganz alleine.“

Profifrage 2

Welches Wort passt nicht zu „magisch“?

- die Magie
- der Magnet
- der Magier

„Und wohin fliegen wir?“,
fragt Nola.
Opa zuckt mit den Schultern.
„Besprecht das doch mit Belinda.“
Er deutet auf das Radio.
Nola kommt sich komisch vor,
aber sie fragt leise:
„Belinda? Wohin fliegen wir?“
Aus dem Radio ertönt es:
„Wohin wollt ihr denn?“
Nola und Tim überlegen nicht lange.
„Wir möchten gern Tiere sehen.
Ganz nah!“, sagt Tim.

Hat das Auto Tim verstanden?
Es fliegt jetzt rasend schnell.
Nach einer halben Stunde
nähert es sich wieder der Erde.
Nola und Tim können bald
die Landschaft unter ihnen sehen.
Die Farben sind wunderschön:
rote Erde, grüne Büsche
und ein knallblauer Himmel.
„Wo sind wir?“, fragt Nola.
Belinda antwortet:
„Willkommen in Afrika.“

Nola und Tim beugen sich vor.
„Das kann nicht sein, Opa!
Oder?“, fragt Tim.
Ist das wirklich Afrika?
Am Fluss in einer Graslandschaft
sehen sie viele kleine Punkte.
Belinda sinkt noch tiefer.
Da werden die Punkte deutlicher.
Es sind Tiere
an einer Wasserstelle.
Hunderte von Tieren!

Opa ist auch ganz erstaunt:
„Das sieht sehr nach Afrika aus!“
„Ui!“, macht Tim.
Und Nola klebt mit der Nase
an der Scheibe.
Die Zwillinge sehen unter sich
eine Herde Zebras.
Dazwischen springen Gazellen umher
und im Wasser sind Flusspferde.
Das ist ja wie im Fernsehen!
Aber hier sind die Kinder
ganz nah dran.

Das Auto fliegt weiter
über eine fast endlose Landschaft.
Eine Weile später
entdecken Nola und Tim Giraffen.
Sie galoppieren über die Ebene.
Wie elegant sie aussehen
mit ihren langen Beinen!

Profifrage 3

Was stimmt?
Giraffen haben …

- lange Ohren.
- lange Beine.
- kurze Hälse.

Nola kann gar nicht genug davon sehen.
„Können wir noch näher
an die Tiere heran?“, fragt sie.
„Sehr gern!“, antwortet Belinda
und landet mitten im dürren Gras.
Sie rollen über Stock und Stein.
Dann hält Belinda an und sagt:
„Nicht aussteigen. Nur ansehen.
Bei mir im Auto seid ihr sicher.“

Sicher? Was meint Belinda?

Da zeigt Tim aufgeregt mit dem Finger
auf einen Baum.

Nola drängelt sich ans Fenster.

„Oooohhh!“, staunt sie
mit offenem Mund.

„Und so nah!“

Im Schatten unter dem Baum
liegen zwei große Löwen.

Um sie herum springen
drei sehr junge Löwenkinder.

Die Kleinen haben zuerst Angst
vor dem seltsamen Auto.
Aber ihre Neugier ist bald größer.
Sie schnuppern an den Reifen.
Dann springen sie
auf die Motorhaube.
Dort tollen sie herum
und jagen sich gegenseitig.
Nola und Tim müssen lachen.
Diese kleinen Löwen
sind unheimlich süß!
Opa schüttelt ungläubig den Kopf:
„Dieser Ausflug ist der Hammer!“

Plötzlich steht der große Löwe auf.
Er schüttelt seine Mähne,
dann brüllt er laut.
Nola und Tim machen sich
so klein wie möglich.
Sogar Opa duckt sich tiefer.
„Der Löwe meint nicht euch“,
erklärt Belinda.
„Er schimpft mit seinen Kindern.
Er hat gesagt,
sie sollen sofort aufhören.“

Jetzt kommt der Löwe näher.
Mit einem Satz springt er aufs Auto.
Alles wackelt wie verrückt.
„Und jetzt?“, fragt Nola ängstlich.
Aber Belinda klingt immer noch ruhig:
„Keine Sorge!
Er kann nicht ins Auto hinein.“
Jetzt verstehen Nola und Tim:
Papa Löwe will nur die Kleinen holen.
Er vertreibt sie vom Auto
und springt hinterher.

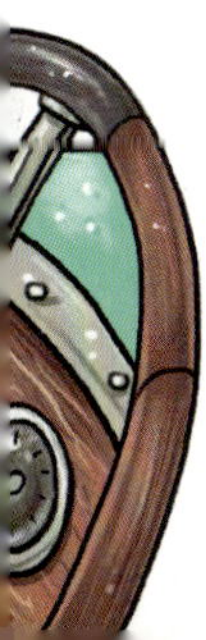

„Das war mir jetzt zu nah“, seufzt Opa.
Nola nickt. Aber cool war es trotzdem.
„Belinda, wir möchten wieder fliegen“,
sagt Nola.
Sofort hebt das Auto wieder ab.
Da entdeckt Tim
in der Ferne etwas Großes.

Etwas Graues.
„Belinda! Können wir da hin?“,
ruft er begeistert.
Jetzt ist auch Nola ganz aufgeregt:
Elefanten!
Ihre Lieblingstiere im Zoo!

3. Ein Elefant in Not

Schon bald schwebt das Auto
über einer kleinen Herde Elefanten.
Zwischen den grauen Riesen
läuft auch ein Baby mit.
Es muss sich sehr bemühen,
mit der Herde Schritt zu halten.
Beim Laufen wackeln seine Ohren.
Das sieht lustig aus.

Profifrage 4

Was bedeutet „Schritt halten"?

- nicht über die eigenen Füße stolpern
- einen Schritt hinter dem anderen tun
- sich im gleichen Tempo bewegen

Plötzlich geschieht das Unglück:
Der kleine Elefant läuft zu dicht
an einem Schlammloch vorbei.
Mit dem hinteren Bein
rutscht er im Matsch aus
und gleitet in das Loch.
„Oh nein!“, ruft Nola verzweifelt.
„Er kann sich nicht mehr halten!
Er ist ins Loch gefallen!“

Die Kinder halten den Atem an.
Was wird jetzt passieren?
„Die älteren Elefanten kommen bestimmt gleich zurück“, sagt Opa.
Aber nein!
Sie haben nichts bemerkt
und gehen einfach weiter.
Da hat Tim eine Idee.
„Opa!“, ruft er.
„Du musst hupen!“

Belindas Hupe ist sehr laut.
Als die Tiere das Geräusch hören,
heben sie erschrocken die Köpfe.
Da trötet auch der kleine Elefant.
Endlich bemerken ihn die Großen!
Die Herde kehrt um.
„Juchhu!“, rufen Nola und Tim.

Die grauen Tiere versuchen,
den Kleinen mit ihren Rüsseln
aus dem Loch zu ziehen.
Aber es ist zu tief.
Sie können ihn nicht erreichen.
Nola hat Tränen in den Augen.
„Kommt er jetzt nie wieder da raus?“

Tim ist auch ganz verzweifelt.
„Was passiert denn jetzt
mit dem Kleinen?“, fragt er.
Da antwortet Opa:
„Lasst uns nachdenken,
ob wir helfen können.
Wir haben doch Belinda.“
Die Zwillinge nicken sich zu.
„Wir retten den Elefanten!
Zusammen!“

Zuerst fragt Nola das Auto,
ob es Seile an Bord hat.
Belinda ruft sofort:
„Natürlich habe ich ALLES.
Ich bin doch ein magisches Auto!“
„Dann wirf jetzt bitte dem Elefanten
ein paar Seile zu“, sagt Nola aufgeregt.
Sechs Seile fallen in das Schlammloch.
Tim kurbelt das Fenster runter.
So kann er besser sehen.
„Mehr nach rechts!
Jetzt wieder links!“

Der kleine Elefant
greift mit dem Rüssel nach den Seilen.
Aber er rutscht ab.
Nola überlegt.
„Kannst du die Seile verknoten?“,
fragt sie Belinda.
Im gleichen Moment
beginnen die Seile zu tanzen.
Sie schlingen sich um den Elefanten
und unter seinem Bauch hindurch.
Dabei verknoten sie sich.

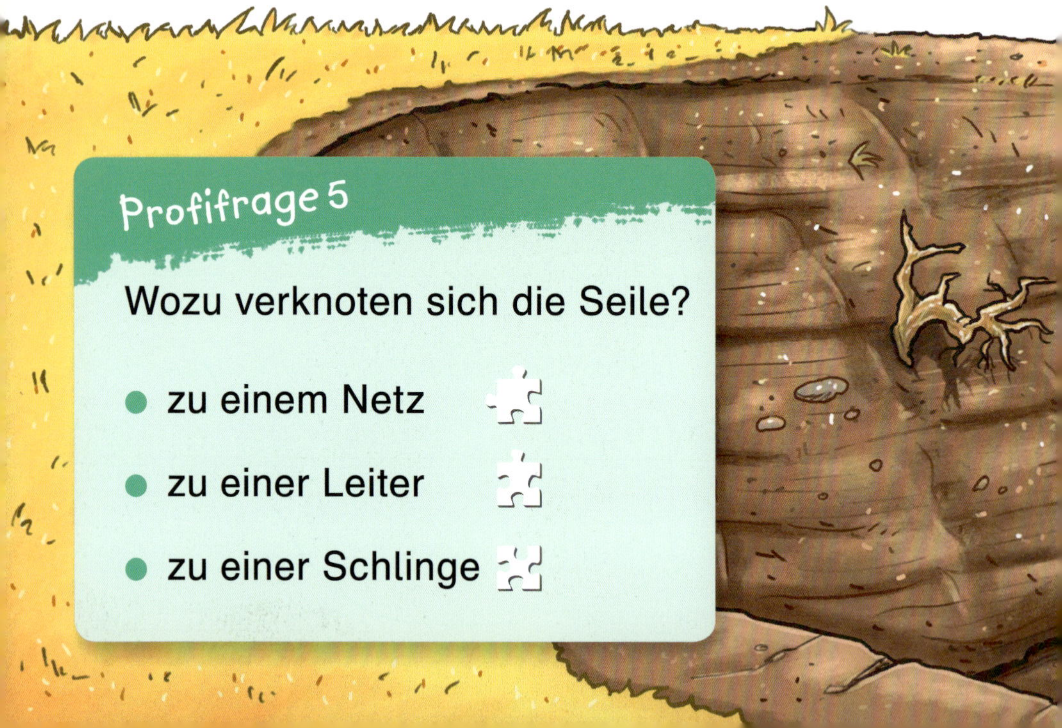

Profifrage 5

Wozu verknoten sich die Seile?

- zu einem Netz
- zu einer Leiter
- zu einer Schlinge

Tim jubelt.
„Einfach magisch!
Jetzt müssen wir den Kleinen
nur noch hochziehen
und auf dem Boden absetzen“,
sagt er.
Belinda hat ihn sofort verstanden.
Das Auto steigt vorsichtig höher
und hebt den Elefanten aus dem Loch.
Als er sicher steht,
lösen sich die Seile wieder.

Die großen Elefanten
laufen jetzt auf den Kleinen zu.
Sie schlingen ihre Rüssel um ihn.
Und er reibt seinen Kopf
an seiner Mama.
Nola ist überglücklich:
„Jetzt hat er seine Familie wieder.“
Da blickt die Mutter des Elefanten
nach oben zum Auto und trötet.
„Sie hat Danke gesagt“,
übersetzt Belinda.

Opa seufzt tief auf.
„Was für ein Abenteuer!
Wisst ihr, was ich jetzt habe?
Riesigen Hunger!“
Die Mägen von Nola und Tim
knurren auch ganz laut.
„Gibt es hier denn etwas zu essen?“,
fragt Tim.
Und Opa zwinkert ihm zu.
„Im Kofferraum steht ein Korb
für ein schönes Picknick.“

4. So ein Affentheater!

Opa hat einen wunderbaren Platz
für ihr Picknick entdeckt:
Eine Baumgruppe mit viel Schatten.
Belinda steuert direkt darauf zu.
Von diesem Platz aus hat man
einen tollen Blick
auf eine Wasserstelle am Fluss.
Dort baden und trinken viele Tiere.
Ein paar junge Zebras
plantschen und spritzen sich nass.
Belinda will Alarm geben,
wenn sich gefährliche Tiere nähern.

Die Kinder und Opa machen es sich
auf einer Decke im Gras gemütlich.
Es gibt leckere Sachen aus
dem Picknickkorb.
Kalte Frikadellen und Nudelsalat.
„Hat Belinda die gezaubert?“,
fragt Nola.
Da lacht Opa. „Nein!
Das waren meine Nachbarin und ich.
Ganz unmagisch in der Küche.
Deshalb hat es heute Morgen
auch so lange gedauert.“

Nach der ganzen Aufregung
ist Nola sehr durstig.
Sie stellt ihren Teller neben sich
und sucht nach einer Wasserflasche.
Als sie sich wieder umdreht,
liegen auf dem Teller zwei Frikadellen.
Vorher waren es vier.
Sofort hat Nola Tim im Verdacht.
„Hey! Hast du mir zwei geklaut?“,
schimpft Nola.
Tim weiß nicht, was sie meint.

Profifrage 6

Was sucht Nola? Eine …

- Wassertasche.
- Wasserlache.
- Wasserflasche.

Nola zeigt Tim ihren Teller.

Er schüttelt den Kopf.

„Das war ich nicht!“

Tim will weiteressen.

Doch jetzt ist sein ganzer Teller weg.

Einfach verschwunden!

Nola und Tim sehen sich um.
Außer Opa ist niemand in der Nähe.
„Opa, hast du vielleicht ...?“,
fragt Nola.
Aber da bemerkt sie eine Bewegung
über ihr im Baum.
Und plötzlich fällt ihr
eine Nudel auf die Schulter.
Und noch eine!
Zwei, drei, ganz viele ...
Nein, die Nudeln sind nicht gefallen.
Sie wurden GEWORFEN!

Tim hat jetzt sogar Nudeln im Haar!
Verwirrt sieht er nach oben.
Da zeigt Opa in die Äste.
„Seht ihr den?“
Über ihnen sitzt ein Affe!
Nein, eine ganze Affenbande!
Opa steht auf. Er will sehen,
was über ihm genau los ist.
Da schleicht sich ein kleiner Affe
hinter Opas Rücken an.
Und zack, klaut er
ein Stück Brot von Opas Teller.

Die Affen sitzen im Baum
und kreischen begeistert.
Sie freuen sich über ihre Beute.
Ein paar von ihnen essen.
Ein paar von ihnen
macht es viel mehr Spaß,
mit dem Essen Dinge zu treffen.
Platsch!
Da kommt die nächste Nudel geflogen.
Sie landet in Opas Saftglas.
Tim und Nola
müssen laut lachen.

Plötzlich bemerken die Zwillinge,
dass einer der Affen am Auto ist.
Gerade öffnet er die Autotür.
„He!“, ruft Tim und springt auf.
Aber der Affe ist schon drin.
Besonders spannend findet er
den gelben Hebel.
Er sieht aus wie eine Banane.
Der Affe ruckelt daran herum
und reißt den Hebel ab!
Opa und die Kinder
laufen zum Auto.

„He! Gib das her!“, ruft Tim.
Aber er kommt zu spät.
Der Affe rennt mit dem Hebel
zu einem hohen Baum.
Er klettert am Stamm hoch
und setzt sich auf einen Ast.
Tim fragt ängstlich:
„Kommen wir ohne den Hebel hier weg?“
Opa schüttelt verzweifelt den Kopf:
„Das ist gar nicht gut!
Ohne den Hebel kann Belinda
nicht fliegen.“

Da räuspert sich Belinda.
„Ich bin ein magisches Auto.
Schon vergessen?“
„Hast du eine Idee?“,
fragen Tim und Nola voller Hoffnung.
„Nein“, sagt Belinda.
„Aber ihr habt bestimmt gute Einfälle.
Und ich tue, was ihr sagt.
Wie vorhin bei dem Elefanten.“

Profifrage 7

Was sagt Belinda?
„Ihr habt bestimmt ...

- gute Ideen.“
- gute Vorschläge.“
- gute Einfälle.“

Tim runzelt die Stirn.
„Fällt uns so schnell was ein?"
Da setzen sich Nola und Tim
auf die Rückbank und überlegen.
Sie tuscheln.
Und auf einmal leuchten ihre Augen.
„Das muss klappen!",
ruft Tim. Und Nola nickt:
„Affen sind neugierig.
Natürlich klappt das!"

Nola fragt Belinda:
„Kannst du Seifenblasen machen?“
„Natürlich kann ich das!“,
erwidert Belinda stolz.
Plötzlich klappt die Motorhaube auf
und Seifenblasen steigen in die Luft.
Sie schillern so bunt
wie ein Regenbogen.
Und sie sind groß.
Riesig groß!

Die Affen hüpfen aufgeregt
auf ihren Ästen herum.
So etwas haben sie noch nie gesehen!
Sie johlen und kreischen.
Dann versuchen sie,
die Blasen zu fangen.
Dabei rollen sie übereinander
und fallen fast vom Baum.
Und der Affe,
der den Hebel gestohlen hat?
Der lässt seine Beute fallen,
direkt vor Opas Füße.

Opa baut den Hebel
wieder ins Auto ein.
Puh, sie sind gerettet!
„Nichts wie weg hier,
von diesen frechen Affen!“,
ruft Tim und lacht.
Belinda erhebt sich wieder in die Luft.
Die Zwillinge loben Belinda.
„Das mit den Seifenblasen
war echt magisch!“
Aber Belinda sagt:
„Das wart doch ihr!
Ich habe nur geholfen.
Eure Idee war magisch!“

Auch der Rest des Tages
geht magisch weiter:
Opa und die Kinder
können sich gar nicht sattsehen!
Hier gibt es Antilopen, Leoparden
und sogar Krokodile.
Nola staunt: „Guckt mal,
im Gebiss der Krokos sitzen Vögel!“
Opa sagt: „Den Vögeln passiert nichts.
Sie putzen den Krokodilen die Zähne.“

Profifrage 8

Was heißt „nicht sattsehen können“?

- leider etwas beenden müssen
- etwas immer wieder ansehen wollen
- genug von etwas haben

Schließlich wird es Abend.
Es ist Zeit für die Heimreise.
Die Kinder verabschieden sich
müde, aber glücklich von den Tieren.
Und Belinda dreht um Richtung Heimat.
Blitzschnell rast sie durch die Lüfte
und landet auf dem Feldweg.
Belinda muss sich jetzt wieder
in ein normales Auto verwandeln.
Die Zwillinge sind traurig und fragen:
„Können wir denn bald mal wieder
einen Ausflug mit dir machen?“
Und Belinda sagt: „Aber gern!
Der Tag mit euch war wunderbar.“

Mama geht es schon etwas besser.
„Wie war euer Ausflug?“, fragt sie.
„Mega!“, schwärmen die Kinder.
„Wir haben ganz viele Tiere gesehen!“
Mama lächelt Opa an.
„Erstaunlich, dass die beiden
den Zoo nie langweilig finden.“
Da zwinkert Opa den Zwillingen zu.
„Wenn man den richtigen Blick hat,
sieht man immer wieder neue Dinge.“
Nola und Tim zwinkern zurück.
„Magische Dinge!“

Für Vollprofis

Jetzt ist die Geschichte zu Ende.
Hier geht's mit Aufgaben für Vollprofis weiter!
Die Lösungen findest du auf der Rückseite.

1. Wie viele verschiedene Tierarten findest du im Text?

11 8 10 12

2. Warum konnten die Kinder keine Tiger sehen?

	richtig	falsch
● Tiger sind in Afrika ausgestorben.		
■ Tiger verstecken sich gerne in Höhlen.		
▲ Tiger leben im Dschungel.		
♥ Tiger tarnen sich gut im dürren Gras.		
▮ Tiger leben nicht in Afrika.		
▼ Tiger leben in Asien.		

3. Wer sagt was?

▲ Herzlichen Glückwunsch, ihr Geburtstags- mäuse!

▼ Herzlichen Glückwunsch, ihr beiden!

■ Hast du unseren Geburtstag vergessen?

● Bist du schlimm krank?

◗ Herzlichen Glückwunsch, Nola und Tim!

Herzlichen Glückwunsch!

Geschafft. Jetzt bist du ein echter Leseprofi! Noch mehr spannende Bücher findest du unter www.duden-leseprofi.de

Lösungen
1. 11
2. richtig: ▲, ▮, ▼
falsch: ●, ■, ♥
3. Nola: ■, Tim: ●, Opa: ▲, Mama: ▼, Belinda-Radio: ◗

Leseprofi von Duden – von Anfang an richtig

1. Klasse

Jeweils 48 Seiten, gebunden.

- Beste Freundinnen
  ISBN 978-3-7373-3492-1
- Ferien auf der Blaubeerinsel
  ISBN 978-3-7373-3472-3
- Eine Mumie geht zur Schule
  ISBN 978-3-7373-3447-1
- Die geheimnisvolle Schatzkarte
  ISBN 978-3-7373-3218-7

2. Klasse

Jeweils 64 Seiten, gebunden.

- Diamantenklau im Hafen
  ISBN 978-3-7373-3471-6
- Eine Gruselnacht im Zelt
  ISBN 978-3-7373-3442-6

- Die Bienenretter
  ISBN 978-3-7373-3475-4
- BMX und sonst nix!
  ISBN 978-3-7373-3374-0

Alle Duden Leseprofis finden Sie unter
www.duden-leseprofi.de

Das Lesezeichen ist dein Lösungsschlüssel für die Profifragen!

Für jede Antwort findest du ein Puzzleteil.

Wenn es zum Puzzle auf dem Lesezeichen passt, ist die Antwort richtig!